TABLEAUX

DE L'ÉCOLE ANGLAISE

CATALOGUE

DE

TABLEAUX

De l'École anglaise

PAR

John Constable — Old Crome — John Crome — J. Cotman
W. P. Frith — Inskipp — A. Fraser
R. Ladbrooke — P. Nasmyth — Romney — Stark
Turner — G. Vincent — Wilson

DONT LA VENTE AURA LIEU

HOTEL DROUOT, Salle n° 8

LE VENDREDI 20 MARS 1874

A trois heures.

EXPOSITIONS :

PARTICULIÈRE : LE MERCREDI 18 MARS 1874.
PUBLIQUE : LE JEUDI 19 MARS 1874.

De une heure à cinq heures.

<table>
<tr><td>Mᵉ CHARLES PILLET,
COMMISSAIRE-PRISEUR,
10, rue de la Grange-Batelière.</td><td>M. HARO, PEINTRE-EXPERT,
CHEVALIER DE LA LÉGION D'HONNEUR,
14, rue Visconti et rue Bonaparte, 20.</td></tr>
</table>

CONDITIONS DE LA VENTE

Elle sera faite au comptant.

Les acquéreurs payeront *cinq pour cent* en sus des adjudications.

CE CATALOGUE SE DISTRIBUE

CHEZ

<table>
<tr><td align="center">CHARLES PILLET
COMMISSAIRE-PRISEUR,
10, Rue de la Grange-Batelière. 10.</td><td align="center">HARO
PEINTRE-EXPERT,
Rue Visconti. 14. et rue Bonaparte. 20.</td></tr>
</table>

Paris. — Typ. PILLET fils aîné, 5, rue des Grands-Augustins.

TABLEAUX

145. 140

DÉSIGNATION

CONSTABLE, R. A.

(JOHN)

Né à East Berghott en 1776, mort à Londres en 1837.
Élève de Farington, de R. R. Reinagle et de la Royal Academy,
dont il devint membre en 1829.

1. *La Tamise.*

Vue prise au delà de Richmond.

Collection de feu William Woods, esq.

Les œuvres de ce peintre ont eu une iufluence considérable sur les paysagistes modernes. Les idées de Constable sur la nature, sur le paysage, sur la manière de l'interpréter, en font un chef d'école que nous ne connaissons guère que par nos critiques d'art; car l'aristocratie anglaise laisse échapper rarement les tableaux de cet artiste.

Toile. Haut., 83 cent.; larg., 1 m. 25 cent.

COTMAN

(JOHN SELL)

Né à Norwich en 1782, mort à Londres en 1842.

2. *The market boat* ou *le bateau du marché.*

Paysage-marine avec figures, effet de soleil couchant.
Collection de William Freeman, esq., maire de Norwich.

Toile. Haut., 1 m. 05; larg., 1 m. 18.

COTMAN

(JOHN SELL)

3. *Marine.*

Bateaux hollandais par un temps calme.
Peint pour William Freeman, esq., maire de Norwich.
Signé en bas et daté.

Toile. Haut., 45 cent.; larg., 65 cent.

CROME DIT OLD CHROME

(JOHN)

Né en 1769, à Norwich, où il mourut en 1821.

4. *Le Vieux chêne ; forêt du comté de Norfolk.*

Toile. Haut., 88 cent.; larg., 1 m. 14 cent.

CROME DIT OLD CROME

(JOHN)

5. *Environs de Norwich.*

Toile. Haut., 39 cent.; larg., 53 cent.——

CROME

(JOHN BERNAY)

Né à Norwich en 1794, mort à Great-Yarmouth en 1842.

Élève de Old Crome, son père.

6. *Clair de lune.*

Vue prise sur la Yare.

La lune se lève derrière la vieille tour de l'église qu'occupe le fond du tableau, sa lumière se réfléchit dans la rivière, et éclaire le moulin et les grands arbres de la forêt; le ciel est chargé de nuages. Ce tableau, remarquable par sa grande poésie et sa réalité saisissante, tient une place d'honneur dans l'œuvre de ce maître.

Toile. Haut., 80 cent.; larg., 1 m. 05 cent.

CROME
(JOHN BERNAY)

7. *Village sur la Yare.*

Paysage, clair de lune; des pêcheurs au premier plan, etc., etc.

Cette belle toile représente un des sujets affectionnés du maître; l'exécution est abondante, énergique, rendant bien l'impression donnée par la nature.

Toile. Haut., 76 cent.; larg., 62 cent.

CROME
(JOHN BERNAY)

8. *Bords de la Yare.*

Clair de lune.

Toile. Haut., 62 cent.; larg., 75 cent.

FRASER, A. R. S. A.
(ALEXANDRE)

Né à Édimbourg en 1786, mort à Wood-Creen, Hornsey, en 1865.
Élève de John Graham,
il fut élu associé de la Royal Scotch Academy.

9. *Le Repos du pêcheur.*

Il joue avec ses enfants au bord de la mer. Effet remarquable de soleil couchant à la marée basse.

Bois. Haut., 75 cent.; larg., 1 m. 12 cent.

FRITH R. A.
(WILLIAM POWELL)

10. *Bonsoir, baby*.

Frith est l'auteur du célèbre tableau représentant la fête nationale du Derby, maintenant au musée de South Kensington.

Collection W. Philipps.

Haut., 35 cent.; larg., 3o cent. 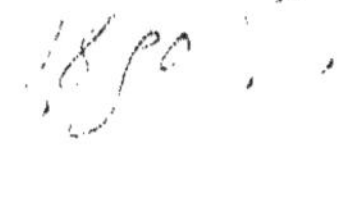

INSKIPP
(JAMES)

Né en 1790, mort à Godalminy en 1868.

11. *Paysage*.

Effet de soleil couchant.

Sous les ombrages d'un bois, deux jeunes filles viennent puiser de l'eau à une source; au second plan un berger garde son troupeau.

Toile. Haut., 1 m. 48 cent.; larg., 1 m. 18 cent. 

LADBROOKE
(ROBERT)

Né à Norwich en 1769, mort en 1842.

12. *Les Bruyères de Mouse-Hold*.

Tableau très-remarquable peint en pleine lumière.

Toile. Haut., 68 cent.; larg., 1 mètre. 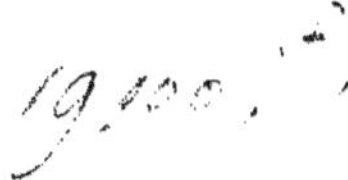

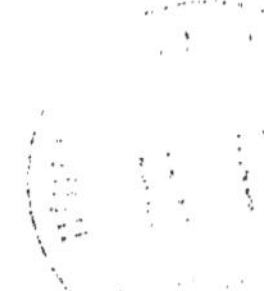

NASMYTH
(PATRICK)

Né à Édimbourg en 1787, mort à Lambeth en 1831.

13. *Paysage.*

Route à travers la forêt, vue prise dans le comté de Surrey.

Signé au bas, à droite, en toutes lettres et daté 1818.

Bois. Haut., 75 cent.; larg., 97 cent.

NASMYTH
(PATRICK)

14. *Le Cottage.*

Paysage avec figures.
Signé à gauche et daté 1829.

Toile. Haut., 32 cent.; larg., 42 cent.

ROMNEY
(GEORGE)

Né à Dalton-le-Furness en 1734, mort à Kendal en 1802.

15. *Portrait d'Alexandre Cruden (auteur anglais).*

Esquisse.

Toile. Haut., 75 cent.; larg., 63 cent.

STARK

(JAMES)

Né à Norwich en 1794, mort à Londres en 1859.
Élève de Old Crome.

16. *Le Pont de l'Évêque* (Bishop's Bridge).

Gravé dans *les Rivières du Norfolk*. (Ouvrage
publié en 1834.)

Bois. Haut., 40 cent.; larg., 57 cent.

STARK

(JAMES)

17. *Les côtes du Norfolk, près de Yarmouth (un poste de gardes-côtes).*

Bois. Haut., 62 cent.; larg., 85 cent.

TURNER R. A.

(JOSEPH WILLIAM)

Né à Londres en 1775, il y mourut en 1851.
Élève de la Royal Academy.

18. *Esquisse.*

Vue prise en Écosse.
Collection de feu M. H. A. Munro, esq.

Toile. Haut., 37 cent.; larg., 62 cent.

VINCENT
(GEORGE)

Né à Norwich, mort à Londres après 1830;
Élève de Old Crome.

19. *Paysage et animaux.*

Vue prise de la bruyère de Mouschold (Norwich).

Toile. Haut., 47 cent.; larg., 62 cent.

VINCENT
(GEORGE)

20. *Paysage.*

Vue prise dans le Norfolk; au premier plan, à
gauche, un groupe de bohémiens.

Toile. Haut., 47 cent.; larg., 62 cent.

VINCENT
(GEORGE)

21. *Plaines près de Norfolk.*

Paysage, pendant du précédent; au premier plan,
à droite, un colporteur.

Toile. Haut.. 45 cent ; larg., 62 cent.

VINCENT

(GEORGE)

22. *Bords de la Yare.*

Effet du matin.

Toile. Haut., 28 cent.; larg., 39 cent.

WILSON R. A.

(RICHARD)

Né à Pinezas en 1714, mort à Llanberis en 1782.
Élève de Thomas Wright.

23. *Solitude, vue d'une chartreuse.*

Gravé.

Toile. Haut., 1 m. 05 cent.; larg., 1 m. 28 cent.

AQUARELLE

TURNER R. A.

(J. M. W.)

24. *Sauvetage de naufragés.*

Aquarelle.

Collection de sir Charles Borret.

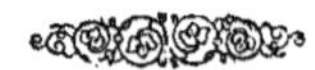

Invitation

à visiter

L'EXPOSITION PARTICULIÈRE

DES

TABLEAUX

DE PREMIER ORDRE DE L'ÉCOLE ANGLAISE

HOTEL DROUOT, SALLE N° 8

Le Mercredi 18 Mars 1874

De une heure à cinq heures

——

Vente le Vendredi 20 Mars 1874

A trois heures.

Commissaire-Priseur : Me CHARLES PILLET

Expert : M. HARO, peintre.